CW00386011

Still Coontin'

Anurr hunner an' oad McLimericks

Angus Shoor Caan

Copyright © 2013 Angus Shoor Caan
All rights reserved.
ISBN: 1489582258
ISBN-13: 978-1489582256

A McStorytellers publication

http://www.mcstorytellers.com

Aboot McLimericks

The *limerick* is thought to take its name from the City of Limerick in Eire. It became popular in the mid-nineteenth century after the London-born poet Edward Lear published his *Book of Nonsense*. So it's a type of poem named after an Irish city and it was first popularised by an Englishman. But what do you call a limerick that's been written by a Scotsman? Why, a *McLimerick*, of course!

    Still Coontin' is a collection of over 100 McLimericks. They've all been penned by the Ayrshire writer and poet Angus Shoor Caan as a follow-up to his earlier collections of McLimericks, *Coont Thum* and *Coont Thum Again*.

    In true Scots fashion, the McLimericks in all three collections are witty, irreverent and sometimes bawdy. In fact, we at McStorytellers, the website dedicated to showcasing the work of Scottish-connected short story writers, were so tickled by them that we rushed to publish them. We hope you'll be tickled by them as well.

    So please delve into *Still Coontin'*. And if you like what you read go grab copies of *Coont Thum* and *Coont Thum Again*. But before you begin, here's a wee taster from the poet himself. It's called *'Hings tae luk oot fur in Coventry*:

Ris wummin' rode by oan a big white cuddy
A taen a guid luk 'cos she wis in ri scuddy
'Ur blonde hair wis billowin' in ri breeze
She hid cairpit burns oan baith e' 'ur knees
An' ri cheeks e' 'ur erse wis blushin' ruddy.

Offski

Trains 'n' boats 'n' planes
Mammies 'n' Daddies 'n' weans
Suitcases, spades 'n' pails
Delays 'n' moans 'n' wails
It's ri hoalidays again.

Final

Me an' you
Wu'r through
Kaput
Gerroot
Right noo.

Doll-face

She bote 'ursel' a better chin
A brand new neb an' lovely skin
Some e' rey trout-pout-blow-job-lips
Lugs peen't back wi' invisible clips
An' luks real braw tae she tries tae grin.

Pension

It wis nivir a cause fur apprehension
Birra a nivir thote a wid see ri pension
An' noo ri prospect's nearly here
A waant tae draw it furra guid few year
An' thote mibbes rat wis worth a mention.

Gallus Moon

Rur's a Gallus Moon soarin' in ri sky
Withoot ri need fur wings tae fly
As it ducks ahin a cloud ur two
A watch it an' a 'hink a' you
An' ren hope oan hope it cote yer eye.

Flee

Magpies chatterin' in ri conker tree
Tusslin' wi' Craws et six against three
Ri Craws ur rippin' oot a nest
Bit ri Magpies ur tryin' rur best
Tae stope ri rout an' make rum flee.

Complex

Wid ye bring in ri waashin' ur wid ye bring ri waashin' in?
Rur's a right wye tae say it an' r'ur wye's a sin
Wid ye haud yur haun's up ur haud up yur haun's?
'Zat no' a question tae run through wur scones?
A don't ken if a'm pittin' ri bin oot ur pittin' oot ri bin.

Hitched

A jeest hitched a lift oan ri road tae hell
Shrugged ma shoodurs an' thote a might is well
Efter therty year afore ri mast
Ma life wis heedin' naewhair fast
Sae a'll ride alang if a kin ring ri bell.

Rat power

Ma burd wis drappin' ri heavy hint
Bit ri dress she waantit coste a mint
Taen a couple a' meenits tae 'hink it ower
A could make 'ur happy, a hud rat power
S'a bote ri 'hing birrit knoaked me skint.

Nuhin' heavy

Fur years you an' me hid sumhin' gaun'
Nuhin' heavy, it wis aw in haun'
Bit noo it's bubblin' up again
Lit whin the river gets the rain
A'm presumin' wey still baith unnerstaun'.

Ri score

It wisnae exactly whit a waantit tae hear
An' she said it aw wi' nae sign e' a tear
A hud a luk aboot an' a seen ri score
Ma bags wis packed et ri back e' ri door
An' she'd swill't doon ev'ry tin e' ma beer.

Breed

A bote a big tub a' poatit heid
Some butter an' a loaf a' breed
Fur ri nixt few days rat'll bey ma piece
'Cos a' don't get pyed furra week et least
Irrul no' bey a feast birrit wull bey a feed.

Skill

Kin ye mind whin wey wis et ri skill?
Ri teachurs bent is tae rur will
Noo, rey cannae dae rat ony mair
R'uv gote tae allow fur a bit a' flair
A weesht rit a wis back rer still.

If

If a'm wraang a'll haud ma haun' up
If a'm right ma wurds'll staun' up
If wey cannae decide
If rur's still a divide
Wi should mibbes jeest toass a coin up.

Tired

A wis readin' tae ri book hut ri flair
An' ren a wisnae readin' ony mair
A wis dreamin a hid floatit doon ri stair
Ma heid wis oot ri windae, a wis dryin' ma hair
Birram is bald is a coot sa ri dream wisnae fair.

Pub

It wis a day rit deserved a boatul a' beer
It wis waarum 'n' bright 'n' sunny 'n' clear
A couldnae afford tae go tae ri pub
Unless a' coorse rur wis ri chance e' a sub
Sa rat's ri circumstance rit brung mey here.

Feed

A heard blackburds et dawn
Rur wis doos oan ri lawn
S'a broke up some breed
An' geid rum a feed
An' eftur rat rey wur gone.

Rumba

R'ur night rer a gote a lumber
Wi drank 'n' yapped 'n' danced a Rumba
Eftur oan wi humped an' pumped
Come ri dawn she up an' jumped
An' a furgote tae get 'ur bliddy number.

Pish-heid

'E hud a boatul in a paper bag
In 'es ur haun' wis hauf a fag
'E wore a shifty aul' plastic mac
Ri 'hing wis hingin' aff 'es back
'E taen a swig an' ren 'e taen a drag.

Farewell note

Whin ye read through aw rem words a wrote
Within ri pages e' rat farewell note
Y'ull unnerstaun' how a couldnae stye
Y'ull see how it hud tae be ris wye
Fur a'd bey shair tae huv ye bey ri throat.

Stew

A toassed 'n' turn't 'n' couldnae sleep
A musta coontit forty thoosin' sheep
S'a git up an' made masel' a brew
Hud a fair aul' pick et rimoara's stew
Ren trawl't rone eBay fur sumhin' cheap.

Pain

A jam't ma fingurs in a door
Nivir hud pain lit rat afore
'Cept, mibbbes whin a broke ma leg
Ur hud a lump oan ma heid ri size e' an egg
Bit right noo ris yin's tae ri fore.

Glaikit

Rat's ri long caul' winter nearly by
Ri sun's a wee bit waarmur in ri sky
Bir even if it makes me luk glaikit
A'll no' bey ower ri door withoot a jaikit
Tae et least ri saikint week in July.

Torbay

A booked ma wee dug in fur a hoaliday
Aw ri wye doon rer tae sunny Torbay
Whin she came back she hud a diffrint bark
An' a wis feart tae take 'ur doon' ri park
In case aw r'urr dugs chased 'ur away.

18 again

If a wis 18 again a wid buy a big gun
Ren a wid rob a bank 'n' go oan the run
A huge spennin' spree wid bey in order
An' a'd stick tae r'urr side e' ri border
Ha mony 18 yur aulds kin hiv rat kinna fun?

Puzzle in ri kitchen

Ri big chef chanced anurr look
Shair in 'esel' 'e hid seen a spook
Bit ri question still hud tae bey answer't
Wis it who cawed ri cook a bastart
Ur wis it who cawed ri bastart a cook?

Shiver: (Deid man talkin' a loat a' pish)

A wee burd walked acroass ma grave
An' a tried tae catch 'ur eye wi' a wave
A wis 'hinkin' mibbe she wis loast
Ur it could even be rit she wis a ghost
Bit eerur wye she wis terribly brave.

Hut

Let me talk ye through
Ma trip tae ri zoo
Maist e' it wis shut
Bit no' ri monkey hut
Whair a thote a saw you.

Nonsuch

A'd say ri Nonsuch wis ri place tae be
Snooker, Pool an' rone Sky TV
Ri coarnur boyes deep in coanvursation
Debatin' ev'ry'hin' in aw creation
Aye, rat's whair y'ull fun ri likes a' me.

No' fur sale

Penthouse suite
Glesga street
Kintyre view
Sunsets too
Rerr Treat.

Compatibles

Whit wid make ri perfect blend
Compatibles, so's no' tae offend?
A wis 'hinkin' mibbes me an' you
Wi could mibbes make a stert ri noo
Rat's whit a wid recommend.

Choke

A taen ris wee burd tae ri flicks
An' a thote ma mind wis playin' tricks
A hudnae seen ri filum afore
Bir a wis familiar wi' ri score
An' a near choked oan ma pick 'n' mix.

Art critic

A gote ris strange compulsion
Tae mix two big tins a' emulsion
Ri wummin rit picked ri colour scheme
Done 'ur best tae stifle a scream
Bit she couldnae disguise 'ur revulsion.

Expletives

A walked intae ri thin en' e' a door
Sumhin' maist e' us 'uv done afore
A rattl't ma heid jeest above ri wan eye
An' seen hunners a' stors faw oot e' ri sky
Y'ull no bey surprised tae hear rit a swore.

Fly

Wi' a vice inlaid wi' venom an' bile
She beratit mey fur quite a while
Birra nivur heard a word rit she said
A'd taen ri batteries oot e' ma hearin' aid
Sa she wis shoked whin a geid 'ur a smile.

Even Money

A bumped ma elba oan a post
It made mey drap ma slice a' toast
Is it fell it hut ri rim e' ma cup
An' birrult an' landit butter side up
Sae happy tae say rur wis nuhin' loast.

Reflections

Wey wur dancin' real close
A didnae staun' oan 'ur toes
Wey wur groovin' ri girra
Tae a glanced in ri mirra
An' seen 'ur pickin' 'ur nose.

Subtle

A plied ris wee burd wi' pints a' lager
Et chuckin' oot time a ast could a shag 'ur
She luc't mey up an' she luc't mey doon
Wi wint ower ri shore bey ri light e' ri moon
An' naw, a didnae need tae drag 'ur.

'Hings tae luk oot fur in Coventry

Ris wummin' rode by oan a big white cuddy
A taen a guid luk 'cos she wis in ri scuddy
'Ur blonde hair wis billowin' in ri breeze
She hid cairpit burns oan baith e' 'ur knees
An' ri cheeks e' 'ur erse wis blushin' ruddy.

Coortin'

A wis 'hinkin' mibbe we could g'oot
Fun oot whir it's aw aboot
Dae some coortin' see how it goes
See if a cannae curl yur toes
Let me ken whin rur's a time tae suit.

10 a'cloak news

Rat wis me rit lit ri fuse
Aired ma coantravershal views
It didnae seem lit much et ri time
Birrit it shin became ri ultimate crime
Whin it wis aw ower ri 10 a'cloak news.

Hidin'

'E gote waistit
Ren 'e gote paistit
Rey left him an' 'es supper
Lyin' rer in ri gutter
Rat near 'e could taste it.

Shook

A tel't ris wee burd a bedtime story
It wis creepy, scary an' ultra gory
She shiver't an' she shook
An' really rat wis aw it took
Tae huv me feelin' hunky dory.

Howdy do

A'v gote a new wummin'
A nivir seen it comin'
Wi wur in ri same queue
Sae wi says howdy do
An' ri morra wur gaun' swummin'.

Midden

A thought ye wur kiddin'
Bit yur hoose *IS* a midden
A cannae see ri flair
Ur ye shair rur's wan rair
An' whye d'ye keep it hidden?

Happy Birthday Aunty Patsy

Tae celebrate 90 year a' Patsy Reid
Wur aw gethurt here fur a bit e' a feed
A'm guessin' Patsy wid like tae say Grace
Bit personally, a'm in a bit e' a race
Tae get tore right intae ri soup 'n' ri breed.

Tongue

Ri day a met ri burd's sister
A gote right in rer an' kissed 'ur
She responded wi' 'ur tongue
Ma hert skip't a beat an' sung
An' whin she wint hame a missed 'ur.

Sookers

A don't go pinchin' aipples noo
Fur ri very fact rit a cannae chew
Birriv a came acroas some cookers
A could bile rum doon tae sookers
An' ren a could manage a fair few.

Us

Sae ye waant tae talk aboot us
Ye mean ye waant tae cause a fuss?
Yur awfy argumentative
An' no' ri least bit sensitive
Which a'm 'hinkin' is kinna suss.

Bath-time

Rur wis room fur two in ri bath
Sae a shared it wi' wee Cath
Ren Jinty came in
An' stripped tae 'ur skin
A mean, c'moan, you dae ri math.

Rent

Rey sent a wee burd roon' fur ma rent
A hud tae tell 'ur it wis spent
Whin she realised whit wis ri score
She let mey pye 'ur ahin' ri door
It wis eerur rat ur a stye in a tent.

Heaven

Whin w'uv hud wur manicures
Scratch ma back an' a'll scratch yours
Whit w'uv gote here is based oan givin'
It wisnae exactly made in Heaven
S'a'll no bey bringin' bunches a' flooers.

A month ur mair

Tell mey ris if ye 'hink ye cun
When's ri last tum ye seen ri sun?
'Sbin missin furra month ur mair
Since ri week afore ri Glesga fair
'Snae wunner some folk cut 'n' run.

Care

Ma dug wis sprawl't acroas ri flair
Scratchin' 'ur back wi' 'ur legs in ri air
A ran ower 'ur wi' ri hoover
Bit rat didnae improve 'ur
Birrit least it shows rit a care.

Peepul

Ri wee fulla taen bets 'e'd get 'es face oan ri news
Ren sat doon an' taen aff 'es soaks an' 'es shoes
'E scaled ri scaffoldin roon aboot ri steeple
Ren 'e shoutit *"we arra fuckin' peepul"*
An' aw withoot wan singul drap a' booze.

Naewhair tae float

Whin a wis pravidin' fur ri pote
She said a wis 'ur true dream-boat
Bit whin wi stertit wi' ri hassle
She went an' bote 'ursel a castle
Birrit turn't oot it didnae huv a moat.

Scammer

Although a try hard tae bey gentle
Ma laptoap's awfy temperamental
'Sno' a hacker ur a scammer
Sae a cloked it wi' a hammer
'Sa bliddy guid joab it's a rental.

Media

Ri narrator told it
As ri story unfoldit
Bit ri 'hing wisnae soartit
Tae ri papers reportit
An' rat wis whit sold it.

Wave

Rat's aw rit it taen
Tae take some e' ri pain
A wee smile an' a wave
Lit ri wan ye jeest gave
Su let's ha mair e' ri same.

Fight

A polis loaked mey up wan night
Says a'd bin luckin' furra fight
Anurr polis let mey oot in ri moarnin'
Sent mey aff hame wi' jeest a warnin'
E' ri two e' rum, a 'hink he wis right.

Flue

A'm yur chimney sweep
Could dae it in ma sleep
S'a'll bey roon' your wye ri noo
Fur tae huv a luk et yur flue
An' ye ken a don't come cheap.

Wee Murray

A wis dain' ma Pilates
Tae work aff ri tatties
Whin in strol't wee Murray
Wi' a big Vindaloo curry
An' aboot twinty chapatis.

Eight

She says she'd like tae bey a size eight
Bit a stuck ma bib intae ri debate
Tel't 'ur a wid admire 'ur figure
Even if she wis a wee bit bigger
An' rit an eight wid mibbes faw doon ri grate.

Burstit

A wis a guid hurdler in ma youth
Could loup ony'hin' tae tell ri truth
A wid clear ony obstacle wi' ease
An' wance ur twice a skint ma knees
Birra geid it up whin a burstit ma mooth.

A slow day in ri Civil War

We wur aw gether't roon tae get a guid swatch
It proamist tae be a fiercely contestit match
Two spiders wur racin' tae fashion a web
Wan wis in ri Union an' r'urr wis a Reb
An' wi laid bets is tae ha mony flies rey wid catch.

Mace

Rur's a luk oan yur face
Lit sumb'dy sprayed mace
'Sbeen rer furra while
Insteed e' yur smile
An' rat's jeest a disgrace.

Wise

Afore ye stert tae pelt mey
A wise auld man wance tel't mey
Keep yer eye oan ri gemme
Noo an' again yu'll fun a gem
Sa jeest play ri haun' ye wur dealt wi'.

Stoor

Wi kicked up a fair bit a' stoor
Birra still wisnae too sure
Ri nixt day she geid mey a phone
She says "a'm here an' all alone"
S'a tel't 'ur a'd bey roon in an 'oor.

Kitchen duties

It wis ma turn tae cook
S'a open't up ri book
A rumm'lt ri stuff in ri wok
Ren covered it ower wi' stock
An' rat's really aw it took.

Journal

Whin ri weather turns Autumnal
Rat's whin a get nocturnal
A hing aboot et night
'Hinkin' a' 'hings tae write
Ren pit rum in ma journal.

Rid

Ma wee neebur keeps racin' pigeons
Bit a sparra hawk et aw ri guid yins
Sae 'e gote 'es paint boax oot
An' geid rum aw a new suit
'Cos ri hawk'll no go fur ri rid yins.

Tour

Ri worst day a kin ever remember
Wis an open-tap bus tour a' Embra
Ri wind howled an' it rained
An ev'rub'dy complained
Bit, whit wid ye expect in December?

Lips

Whin she moved in fur ri kiss
A made shair she didnae miss
Is shin is wi gote tae grips
Wi wis aw tongues an' lips
Dis it git ony better rin ris?

Crack

Ri bin-men woke mey up et ri crack a' dawn
A couldnae get back ower wance rey wur gone
S'a hud a shower ren gote sumhin' tae eat
Played some guid sounds an' nivir missed a beat
Bit efter rat, aw a could dae wis yawn.

Spout

A should learn tae listen tae ma ain advice
A hud a wee inklin' ye wurnae very nice
Birra geid ye ri benefit e' ri doubt
Ren watched it aw pish oot 'e ri spout
A wisnae rat long in pittin' ye oan ice.

Splendorous

Tae access ri splendorous views
A hud tae tramp through a field a coos
Whin a gote tae ri hill et ri lake
A stepped in a durty big pancake
An' fair ruin't a guid perr a shoes.

Mops

A taen a bit e' a paddy jeest r'urr day
Shoutir ri bit doon in ri place whair rey pray
A fulla in a froke says e's phoned fur ri cops
Whin a loked masel' in whair rey keep ri mops
An' ri polis came by fur tae take mey away.

Crashed

Ma computer crashed whin a wisnae rer
Ren a crashed ma cor oan a run oot tae Ayr
A crashed a noisy big pairty up ri stair
'N' crashed oan a rock hard widden flair
Crashed oot wi' sumb'dy's aul' Teddy Bear.

Usain Bolt

A hare-ersed efter rat Usain Bolt
'E stole ma piece an' a wis in revolt
A cote 'um up an' 'e luct surprised
Bit pretty shin 'e realised
A wis oan ri back 'e a two yir aul' colt.

Piece tum

A guid place tae be
Wid be an 'oor rit wis free
Whair ri ultimate goal
Wis a ham 'n' egg roll
An' a nice cup a' tea.

Stay

'Ur language wis straight fae ri trench
She whisper't sweet nu'hins in French
Bit neither 'e us could stay
She taen 'ur accent away
An' rat wis wan helluva wrench.

Galoot

A'm nae guid wi' names an' even worse wi' faces
A kin spout aw ri right words in aw ri wrang places
A'm painfully shy an' a bit e' a galoot
Which is whye ye don't see me much oot an' aboot
A jeest don't waant ye 'hinkin' a'm aw airs an' graces.

Tomb

A'm lyin' here in a dorkin't room
Even dorker mibbes rin ri tomb
A'm workin' oan ma speech
An' it's a bit e' a streetch
Pokin' fun et ri bride 'n' groom.

Grun

A'v gote tae admire
Yur passionate fire
Is ye staun' yer grun
Is urs turn an' run
It fairly fuels ma desire.

Pier

Ye widnae bulieve whit a'v done
Taen masel' oot an' hud some fun
A met a wee burd wi' ri same idea
An' wi sat fur oors et ri end e' ri pier
Chewin' ri fat an' soakin' up ri sun.

Love

Whin puush comes tae shove
You an' me's haun' in glove
Wuv been through ri wars
Noo it's written in ri stors
Wu'll bey furivir in love.

Queen

Picture ri scene
It wis last hallowe'en
A luct a fair treat
Is a ghost in a white sheet
An ma burd wis a Vampire Queen.

Wings

Wuv nuhin' left tae say
Wi said it aw ri ur day
Whin ye came roon' fur yur 'hings
A jeest waitit aboot in ri wings
Tae a wis shair ye wur away.

Why?

She ast wis a huvin' a guid time
Tae deny it wid a' bin a crime
Sa telt 'ur aye
An' a telt 'ur why
Which seemed tae relax 'ur mind.

Yunks

A cannae see ri Magpies' nest noo
Ri leaves uv taen it fae ma view
Birra a ken rur's yunks tae bey fed
Ri parents drag stuff tae ru'r bed
An' thu'll no bey let oot 'til thuv grew.

Anurr wan

A missed ri sunset yisturday
A'll probly no' see it again ri day
Ri sky is thick wi' a winter cloud
Rit treats ri sun much is a shroud
Rur'll bey anurr wan it's fair tae say.

RIP

Wur aw gethur't here oan ris sad day
Tae honour a frien' rit's passed away
Ta'en awaw fae is faur too soon
A'm fair shair shu'll bey luckin' doon
'Cos rur's proably mair she waants tae say.

Cul-de-sac

Ma mind wanner't right intae a cul-de-sac
A turn't roon' birra couldnae get masel' back
Sumhin' stoaped mey fae gerrin' up a scream
A'd gie up a night's kip tae geroot e' ris dream
'Cos noo rur's a big train roarin' doon ri track.

Try it

Sunday's ri day a tend tae get pished
Sae Monday moarnin's don't exist
'Sno' exactly sumhin' a kin afford
Birriv a didnae dae it a'd bey bored
A'm shair ye could try it if ye wished.

Sikh

Ma doactur's a Sikh
A telt 'um a wis seek
'E says "here's whit tae dae
Swally wan peel a day
An' caw back roon' in a week."

Abscond

A 'hink a'm gonnae huv tae abscond
Get masel' oot tae ri back a' beyond
It's no ri toon an' it's no ri folk
It's ri petty squabbles rit gie mey ri boke
A'm gonnae flit somewhair acroas ri pond.

Roon' an' roon'

A'v jeest hid a guid night oot oan ri toon
Noo a'm sprawl't here in ma dressin' goon
A'd tried tae make sum'hin' tae eat
Birra jeest couldnae stye oan ma feet
An' noo ri room's gin roon' an' roon' an' roon'.

Furst

Ye read it here furst
Aw ma plooks uv burst
A cannae go doon ri toon
Wi' a face lik ri moon
Birra 'hink a'm ower ri wurst.

Bitchin'

Wey wis baith ben ri kitchen
A wis readin' an' she wis bitchin'
A nivir heard it aw
Birra heard ri plate hit ri wa'
Ren ma heid needit stitchin'.

Dry

A gote a phone call fae Dalry
Tae say ma waashin' wis dry
Rat fair gote mey tae cursin'
'Cos a hung it oot in Ardrussin
An' ri wind hid blaw'd it sky high.

Bevvy

A'm lit a buull et a gate

Sa don't make mey wait

A'm oot furra guid bevvy

Sa gie's a pint a' heavy

An' a Jack Daniels.....straight.

Afore

Ris wee dug breenjed intae the road

S'a waved ma hauns an' ev'rub'dy slowed

Afore e' cote ony herrum

Afore e' bote ri ferrum

Rat wis wan awfy scary episode.

Aboot the Author

Angus Shoor Caan is in an ex-seaman and rail worker. Born and bred in Saltcoats, he returned to Scotland after many years in England and found the time to begin writing.

Angus has written a poetry collection and several novels, two of which, *The Reader* and *Violet Hiccup*, have been published by Black Leaf Publishing.

Angus also contributes regularly to McStorytellers (http://www.mcstorytellers.com), the Scots-connected short story website. His earlier collections of McLimericks, *Coont Thum* and *Coont Thum Again*, and his trio of short stories, *Tattie Zkowen's Perfect Days*, have been published under the McStorytellers label.

4639476R00019

Printed in Great Britain
by Amazon.co.uk, Ltd.,
Marston Gate.